ZUPPA LECKER LECKER

Mehr großartige Suppenrezepte von A bis Z
*aus der **ZUPPA-Bar***

*Rezepte von **Ute Klasen** und **Nicola Kellermann***
*Illustriert von **Paula Stein***

„Man kann nicht
gut denken, nicht gut lieben, nicht gut schlafen,
wenn man nicht gut gegessen hat.“

Virginia Woolf

*Wir freuen uns sehr
über das Erscheinen des zweiten
Zuppa-Kochbuchs, in dem Illustratorin
Paula Stein unsere Suppen wunderbar
in Szene setzt.
Seit dem Erscheinen des ersten
Suppenbuchs vor vier Jahren ist die Nachfrage nach weiteren Zuppa-Rezepten
enorm gestiegen. Und da wir weiter
fleißig aus der Lamäng neue Suppen für
unsere Suppenbar gekocht haben,
können wir sie Euch nun in diesem
Kochbuch präsentieren.*

*Wir wünschen Euch
viel Spaß mit den Illustrationen, beim
Nachkochen und Probieren.*

Nicola Kellermann und Ute Klasen,
die Köchinnen aus der Zuppa in Trier

SUPPEN MIT FLEISCH

AJVAR-HACKFLEISCH-SUPPE

ZUBEREITUNG

Die Zwiebel in kleine Würfel schneiden und mit dem Hackfleisch im Öl anbraten. Mit Salz, Pfeffer und Paprikapulver würzen. Die Kartoffeln in kleine Stücke schneiden und kurz mit anschmoren. Danach mit der Gemüsebrühe auffüllen und aufkochen lassen. Die Paprikaschoten kleinschneiden und mit den Kartoffeln gar kochen. Anschließend die passierten Tomaten, die Sahne, die Ajvarpaste und den Frischkäse unterrühren. So lange köcheln lassen, bis sich der Frischkäse aufgelöst hat. Mit Salz und Pfeffer abschmecken und vor dem Servieren den kleingehackten Schnittlauch auf die Suppe geben.

ZUTATEN

2 EL neutrales ÖL
500 g gemischtes Hackfleisch
1 kleine Zwiebel
Salz, Pfeffer, Paprikapulver
3 mittelgroße Kartoffeln
1 l Gemüsebrühe
1 rote, 1 gelbe und 1 grüne Paprikaschote
200 g passierte Tomaten
50 ml Sahne
150 g Frischkäse
100 g Ajvar
frischer Schnittlauch
Salz und Pfeffer

ARABISCHE HÜHNERSUPPE

ZUBEREITUNG

Das Huhn mit dem Suppengrün im Salzwasser gar kochen, aus der Brühe nehmen und kleinschneiden. In der Zwischenzeit Möhren, Staudensellerie und Paprika kleinschneiden.
Den Ingwer und die Knoblauchzehe kleinhacken und im Öl anschmoren. Danach mit der Hühnerbrühe auffüllen. Das Gemüse und die Nelken in die Suppe geben und bei geringer Hitze gar kochen.
Die Aprikosen kleinschneiden und zusammen mit dem Huhn und den Gewürzen in die Suppe geben. Alles nochmal aufkochen lassen und mit Salz und Pfeffer abschmecken.

ZUTATEN

600 g Hühnerschenkel
500 g Hühnerbrust
1 Bund Suppengrün
1,5 l Salzwasser
1 EL neutrales Öl
1 Knoblauchzehe
0,5 cm Ingwer
2 Nelken
200 g Möhren
150 g Staudensellerie
1 rote Paprika
1 gelbe Paprika
150 g getrocknete Aprikosen
2 Prisen Zimt
½ Espressolöffel Chilipulver
Safran
Salz und Pfeffer

BELUGALINSENSUPPE MIT CHORIZO

ZUBEREITUNG

Die Zwiebel und die Knoblauchzehe kleinschneiden und im Öl anbraten. Anschließend die Belugalinsen dazugeben und unter Rühren kurz mit anschmoren.
Mit der Gemüsebrühe auffüllen und nach ca. 5 Minuten Kochzeit die roten Linsen dazugeben.
Die Chorizo kleinschneiden und mitkochen lassen.
Wenn die Linsen gar sind, die Suppe mit den Gewürzen abschmecken.

ZUTATEN

2 EL neutrales Olivenöl
1 kleine Zwiebel
1 Knoblauchzehe
200 g Belugalinsen
350 g rote Linsen
1,7 l Gemüsebrühe
300 g Chorizo
½ TL Paprikapulver
½ Espressolöffel Chili
Salz und Pfeffer

DONAU

BUDAPESTER GULASCHSUPPE

ZUBEREITUNG

Das Öl in der Pfanne erhitzen und das Rindergulasch kurz darin anbraten. Die Zwiebel kleinschneiden und mit anschmoren lassen, bis sie glasig ist. Danach das Fleisch mit Salz und Pfeffer würzen und die Gemüsebrühe dazugeben. Wenn die Brühe kocht, die kleingeschnittenen Kartoffeln dazugeben. Inzwischen den Lauch in Ringe und die Paprika in Streifen schneiden. Nach ca. 5 Minuten Kochzeit den Lauch hinzugeben und ca. 2–3 Minuten mitkochen lassen. Anschließend den Paprika dazugeben. Wenn das Gemüse gar ist, die passierten Tomaten unterrühren und nochmals aufkochen lassen. Die Gewürze dazugeben und mit Salz und Pfeffer abschmecken.

ZUTATEN

1 EL Rapsöl
500 g Rindergulasch
1 kleine Zwiebel
2 mittelgroße Kartoffeln
300 g Lauch
1 rote, 1 gelbe und 1 grüne Paprikaschote
1 l Gemüsebrühe
250 g passierte Tomaten
1 TL Paprikapulver
1 Messerspitze Chilipulver
Salz und Pfeffer

CHICKEN STEW

ZUTATEN

500 g Hühnerschenkel
500 g Hühnerbrust
oder ein kleines Suppenhuhn von 1000 g
1 Bund Suppengrün
1,5 l Salzwasser
2 EL Olivenöl
1,5 cm Ingwer
1 Knoblauchzehe
250 g Kartoffeln
400 g Möhren
300 g frische grüne Erbsen oder Tiefkühlware
200 ml Kokosmilch
1 TL Kreuzkümmel
1 TL Curcuma
Chilipulver nach Belieben
Salz und Pfeffer

ZUBEREITUNG

Das Huhn mit dem Suppengrün im Salzwasser gar kochen, aus der Brühe nehmen und kleinschneiden. In der Zwischenzeit die Möhren schälen und in Scheiben schneiden und die Kartoffeln in kleine Stücke schneiden. Den Ingwer und die Knoblauchzehe kleinhacken und im Olivenöl anbraten, die Gewürze dazugeben und kurz mit anschmoren. Danach mit der Hühnerbrühe auffüllen. Die Kartoffeln und Möhren in die Suppe geben und bei geringer Hitze gar ziehen lassen. Nach ca. 5 Minuten die Erbsen dazugeben. Wenn das Gemüse gar ist, die Kokosmilch und das Huhn dazugeben und alles nochmal kurz aufkochen lassen. Anschließend mit Salz und Pfeffer abschmecken.

DÄNISCHE KARTOFFELSUPPE MIT KRÄUTERSCHMAND UND RÖSTZWIEBELN

ZUTATEN

Für den Dip:
1 Becher Schmand
2 EL gehackte Petersilie
2 EL gehackter Schnittlauch
1 Espressolöffel Senf

Für die Suppe:
1 kg mehlig kochende Kartoffeln
1,5 l Salzwasser
1 mittelgroße Möhre
150 g Salatgurke
60 ml Sahne
1 gestrichener TL Senf
4 Wiener Würstchen
Röstzwiebeln als Topping nach Belieben

ZUBEREITUNG

Die geschälten und kleingeschnittenen Kartoffeln zusammen mit der kleingeschnittenen Möhre im Salzwasser gar kochen. Sahne und Senf dazugeben und mit dem Schneebesen das weiche Gemüse so lange rühren, bis eine sämige Konsistenz entsteht. Anschließend die entkernte und kleingeschnittene Gurke in der Suppe gar ziehen lassen. Dann die kleingeschnittenen Würstchen dazugeben, mit Salz und Pfeffer abschmecken.

Für den Dip den Schmand mit dem Senf und den Kräutern verrühren und zusammen mit den Röstzwiebeln portionsweise vor dem Servieren auf die Suppe geben.

DIZIE – AFGHANISCHER EINTOPF MIT RINDFLEISCH

ZUTATEN

500 g Rindfleisch
1,5 l Salzwasser
Suppengrün
1 kleine Zwiebel
1 Knoblauchzehe
2 Nelken
3 Kardamonkapseln
300 g Kartoffeln
1 getrocknete Limone
100 ml passierte Tomaten
250 g Kichererbsen aus der Dose
600 g weiße Bohnen aus der Dose
1 EL Tomatenmark
glatte Petersilie
Salz und Pfeffer

ZUBEREITUNG

Das Rindfleisch in Salzwasser mit Suppengrün, Zwiebel, Knoblauchzehe, Nelken und den Kardamonkapseln ca. eine bis anderthalb Stunden kochen, bis das Fleisch weich ist.
Rindfleisch aus der Brühe nehmen, abkühlen lassen und kleinschneiden. Den Schaum von der Brühe abschöpfen und das Suppengrün und die Gewürze aus der Brühe entfernen. Die kleingeschnittenen Kartoffeln mit der getrockneten Limone zur Suppe geben und alles ca. 10 Minuten köcheln lassen.
Danach die passierten Tomaten, die abgetropften Kichererbsen und Bohnen unterrühren und nochmals 10 Minuten kochen.
Anschließend die Limone aus der Suppe nehmen, das Tomatenmark dazugeben und mit Salz und Pfeffer abschmecken. Glatte Petersilie vor dem Servieren über die Suppe streuen.

ELSÄSSER LINSENSUPPE MIT METTWURST

ZUTATEN

2 EL neutrales Öl
1 kleine Zwiebel
500 g braune Linsen
2,5 l Gemüsebrühe
2 kleine Kartoffeln
1 kleine Möhre
150 g Lauch
200 ml Weißwein
1,5 EL Tomatenmark
4 Mettwürstchen
Salz und Pfeffer

ZUBEREITUNG

Das Öl in der Pfanne erhitzen und die kleingeschnittene Zwiebel darin anschwitzen.
Danach 500 g braune Linsen dazugeben, mit der Gemüsebrühe aufgießen und ca. 15 Minuten köcheln lassen.
Danach die kleingeschnittenen Kartoffeln dazugeben und mitkochen lassen.
Nach ca. 5 Minuten die in Stücke geschnittene Möhre und den Lauch dazugeben und weitere 10 Minuten kochen lassen, bis das Gemüse gar ist.
Anschließend den Wein und das Tomatenmark unterrühren.
Kurz aufkochen lassen und die kleingeschnittenen Mettwürstchen dazugeben und mit Salz und Pfeffer abschmecken.

ERBSENSUPPE MIT METTWURST

ZUTATEN

400 g getrocknete grüne Erbsen
Wasser zum Einweichen
200 g Kartoffeln
200 g Möhren
1 kleine Zwiebel
1 EL Öl
1,5 l Wasser
1–1,5 EL dunkler Balsamico-essig
1 TL Majoran
4 Mettwürste
Salz und Pfeffer

ZUBEREITUNG

Die Erbsen am Vorabend in Wasser einlegen (1/3 Erbsen, 2/3 Wasser). Am nächsten Tag je nach übriggebliebener Wassermenge nochmal auffüllen. Die Erbsen sollten gut bedeckt sein. Alles zum Kochen bringen und köcheln lassen. Zwischendurch umrühren und darauf achten, ob sich Schaum bildet, und diesen abschöpfen. Die Kartoffeln und Möhren schälen, kleinschneiden und nach ca. 15 Minuten Kochzeit zu den Erbsen geben. Die Zwiebel kleinhacken und in dem Öl glasig anbraten. Wenn die Erbsen weich sind, die Suppe mit einem Pürierstab kurz anpürieren.
Die kleingeschnittenen Mettwürstchen, die angeschmorte Zwiebel, Essig und Majoran dazugeben.
Mit Salz und Pfeffer abschmecken.

FRANZÖSISCHE RINDFLEISCHSUPPE MIT SALBEI

ZUTATEN

600 g Rindergulasch
2 EL neutrales Öl
3 mittelgroße Kartoffeln
200 g Staudensellerie
200 g Möhren
700 ml Gemüsebrühe
100 ml Rotwein
50 ml Orangensaft
3 frische Salbeiblätter
1 kleines Lorbeerblatt
½ EL Honig
1 EL Tomatenmark
1 Espressolöffel Rosmarin
1 Espressolöffel Thymian
Salz und Pfeffer

ZUBEREITUNG

Das Öl in der Pfanne erhitzen und das Rindfleisch darin kurz anbraten. Danach das Fleisch mit Salz und Pfeffer würzen und die Gemüsebrühe dazugeben. Wenn die Brühe kocht, die kleingewürfelten Kartoffeln dazugeben. Nach ca. 5 Minuten Kochzeit die kleingeschnittenen Möhren und Staudensellerie dazugeben. Den kleingehackten Salbei und das Lorbeerblatt mitkochen lassen. Wenn das Gemüse gar ist, den Rotwein und den Orangensaft zusammen mit dem Tomatenmark unterrühren.
Alles nochmal aufkochen lassen und anschließend mit Honig, Rosmarin, Thymian und mit Salz und Pfeffer würzen.

HACKFLEISCH-GURKEN-SUPPE

ZUBEREITUNG

Das Hackfleisch mit der kleingewürfelten Zwiebel im Öl anschmoren und mit Salz, Pfeffer und Paprikapulver würzen. Mit der Gemüsebrühe ablöschen, die gewürfelten Kartoffeln dazugeben und zum Kochen bringen. In der Zwischenzeit die Schlangengurken schälen, das Innere entfernen und in kleine Würfel schneiden. Nach etwa 5 Minuten Kochzeit die Gurkenwürfel in die Suppe geben. Wenn das Gemüse gar ist, die Sahne und den Senf unterrühren und mit dem Dill, Salz und Pfeffer abschmecken.

ZUTATEN

2 EL neutrales Öl
500 g gemischtes Hackfleisch
1 kleine Zwiebel
Salz, Pfeffer, Paprikapulver
1 l Gemüsebrühe
250 g Kartoffeln
2 Salatgurken
200 ml Sahne
1 EL Senf
1 EL frischer Dill
Salz und Pfeffer

INDISCHER EINTOPF MIT SCHWEINEFLEISCH UND SPINAT

ZUBEREITUNG

Die Zwiebeln und den Ingwer kleinhacken und zusammen mit dem Schweinegulasch im Öl anbraten.
Die Gewürze dazugeben und kurz mit anschmoren, anschließend mit der Gemüsebrühe auffüllen.
Die Kartoffeln und Möhren kleinschneiden und in der Suppe gar ziehen. Danach die Kokosmilch und den Spinat dazugeben und köcheln lassen.
Nach ca. 5 Minuten die passierten Tomaten einrühren und mit Salz und Pfeffer abschmecken.

ZUTATEN

550 g Schweinegulasch
3 EL neutrales Öl
2 kleine Zwiebeln
1,5 cm Ingwer
300 g Möhren
300 g Kartoffeln
1,5 TL Kreuzkümmel
1,5 TL Curcuma
½ Espressolöffel gemahlener Kardamom
½ Espressolöffel Chilipulver
900 l Gemüsebrühe
200 g tiefgekühlter Blattspinat
300 g passierte Tomaten
100 ml Kokosmilch
Salz und Pfeffer

ISLÄNDISCHER LAMMEINTOPF

ZUTATEN

3 EL Olivenöl
600 g Lammfleisch von Schulter oder Keule
Salz und Pfeffer
300 g Kartoffeln
300 g Möhren
300 g Steckrüben
frische glatte Petersilie

ZUBEREITUNG

Das kleingewürfelte Lammfleisch im Olivenöl anbraten und mit Salz und Pfeffer würzen. Die in Würfel geschnittenen Kartoffeln, Möhren und Steckrüben dazugeben und kurz mit anschmoren.
Dann mit der Gemüsebrühe auffüllen und mit geschlossenem Deckel ca. 35 Minuten köcheln lassen, bis Gemüse und Fleisch gar sind.
Mit Salz und Pfeffer abschmecken und nach Belieben frisch gehackte Petersilie dazugeben.

ITALIENISCHER EINTOPF MIT SCHWEINEFLEISCH UND CABANOSSI

ZUBEREITUNG

Das Öl in der Pfanne erhitzen und das Schweinefleisch kurz darin anbraten. Die Zwiebel kleinschneiden und mit anschmoren lassen, bis sie glasig ist. Danach das Fleisch mit Salz und Pfeffer würzen, die kleingeschnittenen Cabanossi kurz mit anschmoren und die Gemüsebrühe dazugeben.
Wenn die Brühe kocht, die kleingeschnittenen Kartoffeln mitkochen lassen.
Inzwischen die Möhren und die Paprika kleinwürfeln und dazugeben. Wenn das Gemüse gar ist, den Rotwein und das Tomatenmark unterrühren. Kurz aufkochen lassen. Anschließend alles mit Thymian, dem Olivenöl und mit Salz und Pfeffer würzen.

ZUTATEN

450 g Schweinegulasch
150 g Cabanossi
2 EL natürliches Öl (z.B. Rapsöl)
1 kleine Zwiebel
3 mittelgroße Kartoffeln
200 g Möhren
1 grüne Paprika
1 rote Paprika
1,1 l Gemüsebrühe
100 ml Rotwein
2 EL Tomatenmark
1 gestr. TL getr. Thymian
1 TL Olivenöl
Salz
Pfeffer

KASSLER - MÖHREN - EINTOPF

ZUTATEN

1 EL Rapsöl
1 kleine Zwiebel
500 g Möhren
3 mittelgroße Kartoffeln
350 g Kassler
1 l Gemüsebrühe
130 ml Sahne
Petersilie
Salz und Pfeffer

ZUBEREITUNG

Die Zwiebel würfeln und im Rapsöl anschmoren, bis die Würfel glasig sind. Mit der Gemüsebrühe aufgießen und die gewürfelten Kartoffeln dazugeben und kochen lassen. In der Zwischenzeit die Möhren kleinschneiden und das Kassler würfeln.
Nach ca. 5 Minuten die Möhren zu den Kartoffeln geben und mitkochen lassen.
Wenn das Gemüse gar ist, das Kassler und die Sahne dazugeben und nochmal kurz kochen lassen.
Mit Salz und Pfeffer abschmecken und vor dem Servieren nach Belieben die gehackte Petersilie darüberstreuen.

KÜRBIS-HACKFLEISCH-SUPPE

ZUBEREITUNG

Das Hackfleisch im Öl anbraten und anschließend mit Salz, Pfeffer und dem Paprikapulver würzen. Die Kartoffeln kleinschneiden und im Salzwasser gar kochen. Hackfleisch und Kartoffeln beiseitestellen. Den kleingeschnittenen Kürbis in der Gemüsebrühe gar kochen. Danach die Kokosmilch und den Orangensaft dazugeben, nochmals kurz aufkochen lassen und alles pürieren. Danach das Hackfleisch und die gekochten Kartoffeln unterrühren. Mit Majoran, Salz und Pfeffer abschmecken.

ZUTATEN

2 EL neutrales Öl
500 g gemischtes Hackfleisch
Salz, Pfeffer, Paprikapulver
3 mittelgroße Kartoffeln
Salzwasser
700 g Hokaido-Kürbis
1,2 l Gemüsebrühe
150 ml Orangensaft
100 ml Kokosmilch
1 gehäufter Espressolöffel Majoran (getrocknet)
Salz und Pfeffer

LAMMEINTOPF MIT SCHAFSKÄSE UND BOHNEN

ZUTATEN

600 g Schulter oder Keule vom Lamm
3 EL Olivenöl
1 kleine Zwiebel
Salz und Pfeffer

250 g Kartoffeln
400 g Brechbohnen
(frisch oder tiefgekühlt)
1 kleine Möhre
1 l Gemüsebrühe
200 g passierte Tomaten
100 g Schafskäse
1 TL Kräuter der Provence
Salz und Pfeffer

ZUBEREITUNG

Das kleingewürfelte Lamm zusammen mit der kleingeschnittenen Zwiebel im Olivenöl anbraten.
Danach das Fleisch salzen und pfeffern. Mit der Gemüsebrühe auffüllen und zusammen mit den kleingeschnittenen Kartoffeln zum Kochen bringen. Nach fünf Minuten Kochzeit die Brechbohnen und die gewürfelte Möhre dazugeben.
Wenn das Gemüse gar ist, die passierten Tomaten und den gewürfelten Schafskäse zur Suppe geben und nochmal aufkochen lassen.
Mit den Kräutern der Provence, Salz und Pfeffer abschmecken.

MAROKKANISCHE HACKFLEISCHSUPPE MIT KICHERERBSEN

ZUBEREITUNG

Die Zwiebel in kleine Würfel schneiden und mit dem Hackfleisch in dem Öl anbraten. Mit Salz, Pfeffer und Paprikapulver würzen. Mit der Gemüsebrühe auffüllen und die kleingeschnittenen Möhren ca. 5 Minuten darin kochen lassen. Danach den Blattspinat und die gewürfelten Paprika dazugeben und gar kochen. Anschließend die Kichererbsen, das Tomatenmark und die passierten Tomaten unterrühren. Alles nochmal aufkochen lassen und mit den Gewürzen abschmecken.

ZUTATEN

2 EL neutrales ÖL
600 g gemischtes Hackfleisch
1 kleine Zwiebel
Salz, Pfeffer, Paprikapulver
1 l Gemüsebrühe
240 g Kichererbsen (Dose, Abtropfgewicht)
300 g Möhren
250 g tiefgekühlter Blattspinat
1 rote und eine gelbe Paprika
300 g passierte Tomaten
2 EL Tomatenmark
1 Espressolöffel Chili
1 Espressolöffel Kreuzkümmel
1 Espressolöffel Koriander
1 Espressolöffel Curcuma
1 TL gehackte frische Minze
Salz und Pfeffer

MAROKKANISCHER LAMMEINTOPF

ZUTATEN

600 g Schulter oder Keule vom Lamm
2 EL Olivenöl
1 kleine Zwiebel
1 Knoblauchzehe
1 cm Ingwer
100 g Möhren
1 Espressolöffel Kreuzkümmel
1 Espressolöffel Curcuma
1 Espressolöffel grüne Currypaste
2 Espressolöffel Zitronengraspaste
500 g Brechbohnen (tiefgekühlt oder frisch)
1 l Gemüsebrühe
400 g passierte Tomaten
100 ml Kokosmilch
1 TL gehackte frische Minze
Salz und Pfeffer
50 g Couscous

ZUBEREITUNG

Das kleingewürfelte Lamm im Olivenöl scharf anbraten, die kleingeschnittene Zwiebel, den Ingwer und die Knoblauchzehe kurz mit anbraten. Das Fleisch mit Salz, Pfeffer, Kreuzkümmel, Curcuma, dem grünen Curry und dem Zitronengras würzen und gut verrühren. Mit der Gemüsebrühe auffüllen und ca. 15 bis 20 Minuten kochen lassen. Anschließend die Brechbohnen darin gar kochen und dann die passierten Tomaten und die Kokosmilch dazugeben.
Mit der Minze, Salz und Pfeffer würzen und zum Abschluss den Couscous in der Suppe gar quellen lassen.

045

MEDITERRANER LAMMEINTOPF

ZUTATEN

600 g Schulter oder Keule vom Lamm
3 EL Olivenöl
1 kleine Zwiebel
1 Knoblauchzehe
300 g Kartoffeln
300 g Möhren
200 g Staudensellerie
5 Wacholderbeeren
1 l Gemüsebrühe
100 ml Marsala
250 g passierte Tomaten
1 EL Tomatenmark
Salz und Pfeffer

ZUBEREITUNG

Das kleingewürfelte Lamm im Olivenöl scharf anbraten und die kleingeschnittene Zwiebel und die Knoblauchzehe kurz mit anbraten. Die kleingeschnittenen Möhren, Kartoffeln und den Staudensellerie zusammen mit den Wacholderbeeren kurz mit anschmoren und anschließend mit Gemüsebrühe und Marsala auffüllen. Wenn das Gemüse gar ist, die passierten Tomaten und das Tomatenmark zur Suppe geben und nochmal aufkochen lassen.
Mit Salz und Pfeffer abschmecken.

NORDDEUTSCHE HACKFLEISCHSUPPE MIT SAUERKRAUT

ZUBEREITUNG

Die Zwiebel in kleine Würfel schneiden und mit dem Hackfleisch im Öl anbraten. Mit Salz, Pfeffer und Paprikapulver würzen. Die Kartoffeln in kleine Stücke schneiden und kurz mit anschmoren. Danach mit dem Salzwasser auffüllen und aufkochen lassen. Die Paprikaschoten kleinschneiden und mit den Kartoffeln gar kochen. Anschließend das kleingeschnittene Sauerkraut hinzugeben und kurz mitkochen lassen. Nach einigen Minuten die Sahne und den Majoran dazugeben und nochmals aufkochen lassen. Anschließend nach Belieben mit Salz und Pfeffer würzen.

ZUTATEN

2 EL neutrales Öl
550 g gemischtes Hackfleisch
1 kleine Zwiebel
Salz, Pfeffer, Paprikapulver
2 mittelgroße Kartoffeln
1 l Salzwasser
1 rote, 1 gelbe und
1 grüne Paprikaschote
200 g Sauerkraut
150 ml Sahne
1 TL Majoran
Salz und Pfeffer

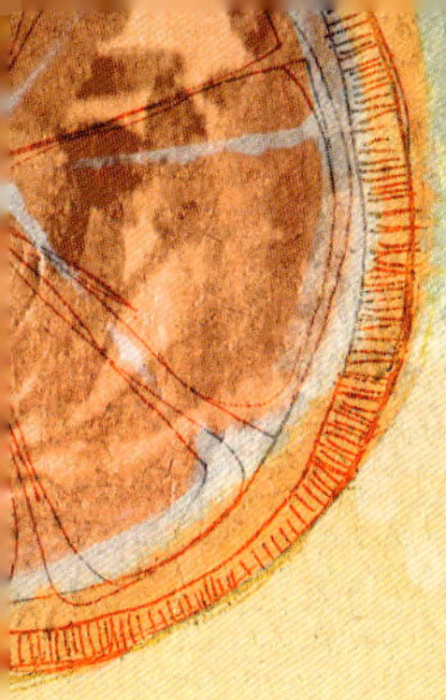

ORANGENEINTOPF MIT SCHWEINEFLEISCH UND PFLAUMEN

ZUTATEN

600 g Schweinegulasch
2 EL neutrales Öl
Salz und Pfeffer
2 EL Tomatenmark
200 ml Orangensaft
100 ml Weißwein
500 g passierte Tomaten
3-4 mittelgroße Kartoffeln
200 ml Sahne
1 TL Estragon
1 Prise Zimt
150 g Trockenpflaumen
Salz und Pfeffer

ZUBEREITUNG

Das Schweinegulasch im Öl anbraten und mit Salz und Pfeffer würzen. Das Tomatenmark unterrühren und kurz mit anbraten. Mit Orangensaft und Weißwein ablöschen. Anschließend die passierten Tomaten dazugeben und aufkochen lassen. In der Zwischenzeit die Kartoffeln schälen und in kleine Würfel schneiden. In der Suppe 10 bis 15 Minuten mitgaren. Danach die Sahne und die Pflaumen dazugeben und kurz köcheln lassen.
Mit den Gewürzen, Salz und Pfeffer abschmecken.

ORIENTALISCHER RINDFLEISCHEINTOPF MIT BERBERITZEN

ZUBEREITUNG

Das Öl in der Pfanne erhitzen und das Rindfleisch darin kurz anbraten. Die Zwiebel und den Knoblauch kleinhacken und mit anschmoren lassen, bis sie glasig sind. Danach das Fleisch mit Salz und Pfeffer würzen und die Gemüsebrühe dazugeben. Wenn die Brühe kocht, die kleingewürfelten Kartoffeln dazugeben. Nach ca. 5 Minuten Kochzeit den Spinat hinzugeben und mitkochen lassen. Wenn das Gemüse gar ist, das Kamchin, den Kreuzkümmel und die Berberitzen dazugeben. Alles nochmal aufkochen lassen und anschließend mit Salz und Pfeffer würzen.

ZUTATEN

500 g Rindergulasch
2 EL neutrales Öl
1 kleine Zwiebel
1 halbe Knoblauchzehe
3 mittelgroße Kartoffeln
400 g gehackter Spinat (tiefgekühlt)
1 l Gemüsebrühe
150 g Kamchin
1 gehäufter Espressolöffel Kreuzkümmel
1,5 EL Berberitzen
Salz, Pfeffer

Kamchin
ist eine Mischung aus Kräutern, die für die Herstellung von persischen Eintöpfen verwendet wird. Man bekommt die Dosen in arabischen Lebensmittelgeschäften.
Es gibt verschiedene Zusammensetzungen. Wir haben die Variante mit Petersilie, Koriander, Lauch und Bockshornklee gewählt.

Berberitzen
sind kleine rote Beeren, hierzulande auch als Sauerdorn oder Essigbeere bekannt. Bei uns eher als Zierpflanze genutzt, ist sie aus der iranischen Küche nicht wegzudenken.
Ihr Geschmack ist leicht säuerlich bis sauer und passt gut zu Fleischgerichten.

RINDFLEISCHEINTOPF MIT ERBSEN UND MEERRETTICH

ZUTATEN

600 g Rindergulasch
2 EL neutrales Öl
1 kleine Zwiebel
1 l Gemüsebrühe
250 g Kartoffeln
400 g frische oder tiefgekühlte grüne Erbsen
100 ml Sahne
2 EL Sahnemeerrettich
frische Petersilie
Salz und Pfeffer

ZUBEREITUNG

Das Öl in der Pfanne erhitzen und das Rindfleisch darin kurz anbraten. Die Zwiebel kleinhacken und mit anschmoren, bis sie glasig ist. Danach das Fleisch mit Salz und Pfeffer würzen und die Gemüsebrühe dazugeben. Wenn die Brühe kocht, die kleingewürfelten Kartoffeln dazugeben. Nach ca. 5 Minuten Kochzeit die Erbsen hinzugeben und mitkochen lassen.
Wenn das Gemüse gar ist, die Sahne und den Sahnemeerrettich dazugeben und nochmal aufkochen lassen. Mit Salz und Pfeffer abschmecken. Vor dem Servieren die frische Petersilie auf die Suppe geben.

SAUERKRAUTSUPPE MIT KASSLER

ZUTATEN

2 EL neutrales Öl
1 kleine Zwiebel
350 g Kartoffeln
1 Lorbeerblatt
2 Wacholderbeeren
2 Messerspitzen Kümmel
1 l Gemüsebrühe
500 g Kassler gekocht
350 g Sauerkraut
200 ml Sahne
Petersilie

ZUBEREITUNG

Die kleingehackte Zwiebel im Öl anbraten, bis sie glasig ist. Anschließend die kleingeschnittenen Kartoffeln kurz mit anschmoren lassen. Danach mit der Gemüsebrühe auffüllen, Lorbeerblatt, Wacholderbeeren und den Kümmel dazugeben und alles ca. 10 Minuten köcheln lassen.
In der Zwischenzeit das Kassler in Würfel und das Sauerkraut kleinschneiden. Alles in die Suppe geben und nochmal aufkochen lassen. Nach ca. 10 Minuten 200 ml Sahne dazugeben, mit Salz und Pfeffer abschmecken und vor dem Servieren mit Petersilie bestreuen.

SOMMERLICHER EINTOPF MIT SCHWEINEFLEISCH UND GEMÜSE

ZUBEREITUNG

Das Öl in der Pfanne erhitzen und das Schweinegulasch darin kurz anbraten. Danach das Fleisch mit Salz und Pfeffer würzen und mit der Gemüsebrühe auffüllen. Wenn die Brühe kocht, die kleingeschnittenen Möhren dazugeben. Inzwischen Salzwasser separat zum Kochen bringen und die Nudeln gar kochen.
Nach ca. 5 Minuten Kochzeit die kleingewürfelten Zucchini, die Erbsen und Brechbohnen zur Suppe dazugeben und mitkochen lassen.
Wenn das Gemüse gar ist, die frischen Kräuter nach Belieben dazugeben und mit Salz und Pfeffer abschmecken.
Vor dem Servieren die Nudeln in die Suppe rühren.

ZUTATEN

500 g Schweinegulasch
2 EL neutrales Öl
1,5 l Gemüsebrühe
150 g Gabelspaghetti
200 g Möhren
150 g Zucchini
150 g tiefgekühlte Brechbohnen
150 g tiefgekühlte Erbsen
frischer Schnittlauch
frische Petersilie
Salz und Pfeffer

SPANISCHE HACKFLEISCHSUPPE

ZUBEREITUNG

Die Zwiebel in kleine Würfel schneiden und mit dem Hackfleisch in dem Öl anbraten. Mit Salz, Pfeffer und Paprikapulver würzen. Die Kartoffeln in kleine Stücke schneiden und kurz mit anschmoren. Danach mit der Gemüsebrühe auffüllen und aufkochen lassen.
In der Zwischenzeit die Chorizo in kleine Stücke oder Scheiben schneiden. Nach ca. 5 Minuten den Rotwein, die kleingeschnittenen Möhren und die Chorizowurst dazugeben. Anschließend die Paprikaschoten kleinschneiden und ebenfalls dazugeben. Wenn das Gemüse gar ist, die passierten Tomaten unterrühren und mit den Gewürzen und Salz und Pfeffer abschmecken.

ZUTATEN

2 EL neutrales ÖL
600 g gemischtes Hackfleisch
1 kleine Zwiebel
Salz, Pfeffer, Paprikapulver
2 mittelgroße Kartoffeln
200 g Möhren
1 Chorizo
1 l Gemüsebrühe
1 rote, 1 gelbe und 1 grüne Paprikaschote
200 ml Rotwein
300 mg passierte Tomaten
1 TL Kräuter der Provence
1 Espressolöffel Chili
Salz und Pfeffer

UNGARISCHE HÜHNERSUPPE

ZUTATEN

300 g Hühnerschenkel
300 g Hühnerbrust
1 Bund Suppengrün
1,5 l Gemüsebrühe
50 g Butter
1 kleine Zwiebel
300 g Kartoffeln
350 g Möhren
150 g Staudensellerie
1 EL Paprikapulver edelsüß
100 ml Sahne
Salz und Pfeffer

ZUBEREITUNG

Das Huhn mit dem Suppengrün in der Gemüsebrühe gar kochen, herausnehmen und kleinschneiden.
Die Hühnerbrühe beiseitestellen.
Kartoffeln, Möhren und den Staudensellerie kleinschneiden.
Die Kartoffeln in einem kleinen Topf mit Salzwasser aufstellen und parallel zur Suppe gar kochen. Die Zwiebel kleinschneiden und in der Butter anschmoren.
Wenn die Zwiebel glasig ist, die Möhren und den Staudensellerie dazugeben und unter Rühren kurz mitschmoren lassen. Dann das Paprikapulver dazugeben, verrühren und mitschmoren lassen.
Wenn der Paprikaduft hochsteigt, mit der Hühnerbrühe auffüllen und das Gemüse kochen lassen. In der Zwischenzeit die garen Kartoffeln vom Herd nehmen und abschütten.
Wenn die Möhren gar sind, die Kartoffeln, das Huhn und die Sahne dazugeben und alles nochmal aufkochen lassen. Anschließend mit Salz und Pfeffer abschmecken.

WIRSINGEINTOPF MIT BRÄTKLÖSSCHEN

ZUTATEN

2 EL Rapsöl
1 kleine Zwiebel
500 g Wirsing
400 g Kartoffeln
1 kleine Möhre
2 l Gemüsebrühe
3 Bratwürstchen (fein)
½ Espressolöffel Kümmel (ganz)
Salz und Pfeffer

ZUBEREITUNG

Die Zwiebel würfeln und im Rapsöl anschmoren, bis die Würfel glasig sind. Den Wirsing vom Strunk befreien und die Blätter waschen. Anschließend in Streifen schneiden, zu den Zwiebeln geben und kurz mit anbraten.
Mit der Gemüsebrühe ablöschen. Die Kartoffeln kleinschneiden und in die Brühe geben.
Den Kümmel zusammen mit der kleingeschnittenen Möhre nach kurzer Zeit dazugeben.
Alles kochen lassen, bis das Gemüse bissfest ist. Anschließend die Bratwürste anschneiden und die Bratwurstmasse nach und nach in kleinen Stückchen in die Suppe drücken. Alles nochmal aufkochen lassen und mit Salz und Pfeffer abschmecken.

ZUPPA-EINTOPF MIT SCHWEINEFLEISCH UND ERDNUSS

ZUBEREITUNG

Das Öl in der Pfanne erhitzen und das Schweinegulasch mit der kleingeschnittenen Zwiebel darin kurz anbraten. Danach das Fleisch mit Salz und Pfeffer würzen und mit der Gemüsebrühe auffüllen. Wenn die Brühe kocht, die kleingeschnittenen Möhren und Kartoffeln dazugeben.
Nach ca. 5 Minuten Kochzeit das Erdnussmus in der Suppe auflösen lassen und danach den Broccoli dazugeben. Wenn das Gemüse gar ist, die Sahne dazugeben und mit Salz und Pfeffer abschmecken.

ZUTATEN

500 g Schweinegulasch
2 EL neutrales Öl
1 kleine Zwiebel
900 ml Gemüsebrühe
250 g Möhren
2 mittelgroße Kartoffeln
350 g tiefgekühlter Broccoli
2 gehäufte EL Erdnussmus
100 ml Sahne
Salz und Pfeffer

zuppa

ZUPPA-EINTOPF MIT SCHWEINEFLEISCH, LAUCH UND ERBSEN

ZUTATEN

500 g Schweinegulasch
2 EL neutrales Öl
1 kleine Zwiebel
1,2 l Gemüsebrühe
200 g Kartoffeln
200 g Lauch
300 g Erbsen (tiefgekühlt)
100 ml Sahne
1 EL Senf
frischer Schnittlauch

ZUBEREITUNG

Das Öl in der Pfanne erhitzen und das Schweinegulasch kurz darin anbraten. Die Zwiebel kleinschneiden und mit anschmoren lassen, bis sie glasig ist. Danach das Fleisch mit Salz und Pfeffer würzen und die Gemüsebrühe dazugeben. Wenn die Brühe kocht, die kleingeschnittenen Kartoffeln dazugeben.
Inzwischen den Lauch in Ringe schneiden. Nach ca. 5 Minuten Kochzeit den Lauch und die Erbsen hinzugeben und mitkochen lassen. Wenn das Gemüse gar ist, die Sahne und den Senf dazugeben und mit Salz und Pfeffer abschmecken. Vor dem Servieren den kleingehackten Schnittlauch auf die Suppe geben.

VEGETARISCHE SUPPEN

ERBSENSUPPE MIT MINZE

ZUTATEN

2 EL neutrales Öl
1 kleine Zwiebel
650 g tiefgekühlte Erbsen
2 mittelgroße Kartoffeln
1,5 l Gemüsebrühe
100 ml Sahne
1 EL gehackte frische Minze
etwas frische Minze zum Garnieren

ZUBEREITUNG

Das Öl in der Pfanne erhitzen und die kleingeschnittene Zwiebel anschmoren, bis sie glasig ist. Danach die Erbsen zusammen mit den kleingeschnittenen Kartoffeln dazugeben und mit der Brühe aufgießen.
Alles kochen lassen, bis das Gemüse gar ist. Anschließend die Sahne unterrühren und alles pürieren. Dann mit der Minze, Salz und Pfeffer würzen.
Die restliche Minze grob hacken und vor dem Servieren über die Suppe streuen.

KARTOFFEL-LAUCH-SUPPE

ZUBEREITUNG

Die Kartoffeln und die Möhre schälen, kleinschneiden und zusammen mit der Gemüsebrühe zum Kochen bringen.
Wenn die Kartoffeln weich sind, die Sahne dazugeben und mit einem Schneebesen sämig rühren.
Den Lauch in Ringe schneiden und in der Suppe gar ziehen.
Zum Schluss mit Salz und Pfeffer abschmecken.

ZUTATEN

1 kg Kartoffeln
1 mittelgroße Möhre
1,5 l Gemüsebrühe
150 ml Sahne
200 g Lauch
Salz und Pfeffer

034
0 34

KARTOFFEL-SPINAT-SUPPE

ZUBEREITUNG

Die Kartoffeln und die Möhre schälen, kleinschneiden und zusammen mit der Gemüsebrühe zum Kochen bringen. Wenn die Kartoffeln weich sind, die Sahne dazugeben und mit einem Schneebesen sämig rühren.
Den Blattspinat in die Suppe geben und gar ziehen lassen. Zum Schluss mit Muskat, Salz und Pfeffer abschmecken.

ZUTATEN

1 kg Kartoffeln
1 mittelgroße Möhre
1,5 l Gemüsebrühe
100 ml Sahne
150 g tiefgekühlter Blattspinat
Muskat
Salz und Pfeffer

KARTOFFELSUPPE MIT POMODORI UND OLIVEN

ZUBEREITUNG

Die Kartoffeln und Möhren schälen, kleinschneiden und zusammen mit dem Salzwasser zum Kochen bringen. Wenn die Kartoffeln weich sind, die Sahne dazugeben und mit einem Schneebesen sämig rühren.
Die Pomodori klein- und die Oliven in Scheiben schneiden und in der Suppe heiß ziehen.
Mit den Gewürzen, dem Olivenöl und Salz und Pfeffer abschmecken. Vor dem Servieren frisches kleingehacktes Basilikum über die Suppe geben.

ZUTATEN

1 kg Kartoffeln
1 mittelgroße Möhre
1,9 l Salzwasser
150 ml Sahne
80 g Pomodori
(getrocknete Tomaten)
50 g grüne Oliven
1 Messerspitze Cayennepfeffer
1 Espressolöffel Oregano
1 TL Olivenöl
frisches Basilikum
Salz und Pfeffer

SELLERIESUPPE MIT ORANGEN FILETS

ZUBEREITUNG

Den Sellerie und die Kartoffel schälen, kleinschneiden und mit 1,5 l Gemüsebrühe aufgießen. Alles kochen lassen, bis das Gemüse gar ist. Anschließend die Sahne und den Orangensaft unterrühren und alles pürieren. Dann mit Curcuma, Chili, Salz und Pfeffer abschmecken.
Aus den zwei Orangen Filets schneiden und vor dem Servieren auf die Suppe geben.

ZUTATEN

900 g Sellerie
1 mittelgroße Kartoffel
1,5 l Gemüsebrühe
200 ml Sahne
200 ml Orangensaft
1 TL Curcuma
½ Espressolöffel Chilipulver
Salz, Pfeffer
2 Orangen

SPARGELCREMESUPPE

ZUTATEN

1 kg Spargel
2 l Salzwasser
(ergibt ca. 1,5 l Spargelwasser)
Zitronensaft
Zucker
125 g Butter
80 g Mehl
200 ml Sahne
Salz und Pfeffer
frische Petersilie

ZUBEREITUNG

Den Spargel schälen und im Salzwasser mit einem Spritzer Zitronensaft und einer Prise Zucker gar kochen. Den Spargel herausnehmen und das Spargelwasser beiseitestellen. Die Butter in einem Topf zerlassen und das Mehl einrühren.
Das Spargelwasser und die Sahne nach und nach dazugeben und immer weiterrühren, sodass eine gleichmäßige cremige Konsistenz entsteht.
Mit Salz und Pfeffer abschmecken und vor dem Servieren mit frischer Petersilie bestreuen.
Alternativ kann man auch einige gekochte Spargelstangen kleinschneiden und in die Suppe geben.

TOMATENSUPPE MIT GERÖSTETEM SALBEI

ZUTATEN

2 EL Olivenöl
1 kleine Zwiebel
1 Knoblauchzehe
2 gehäufte EL gehackter Salbei
1200 g passierte Tomaten
500 ml Gemüsebrühe
150 ml Sahne
2 Prisen Zucker
Salz und Pfeffer

ZUBEREITUNG

Die kleingeschnittene Zwiebel und Knoblauchzehe im Olivenöl kurz anschwitzen. Danach den Salbei dazugeben und mitschmoren lassen. Anschließend die passierten Tomaten dazugeben und mit der Gemüsebrühe aufgießen. Aufkochen lassen und die Sahne unterrühren. Etwas köcheln lassen und den Zucker dazugeben (rundet den Geschmack ab); mit Salz und Pfeffer abschmecken.

TOMATENSUPPE MIT MOZZARELLA

ZUTATEN

3 EL Olivenöl
1 kleine Zwiebel
1500 g passierte Tomaten
400 ml Gemüsebrühe
100 ml Sahne
1 EL Tomatenmark
10 Blätter Basilikum
Salz und Pfeffer
125 g Büffelmozzarella
2–3 Blätter Basilikum
etwas Olivenöl

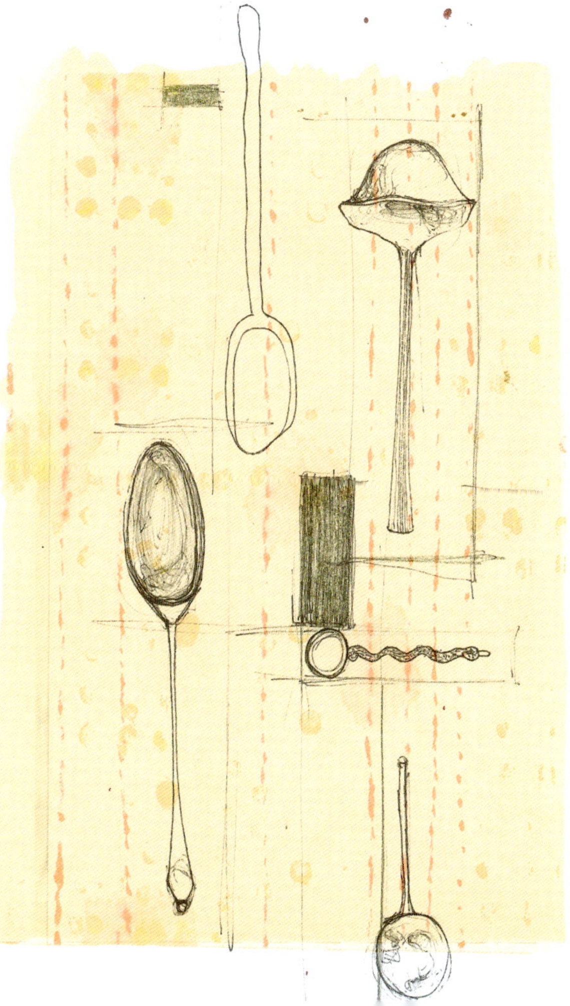

ZUBEREITUNG

Den Mozzarella kleinschneiden, die kleingehackten Basilikumblätter mit etwas Olivenöl unterrühren und beiseitestellen.
Die kleingeschnittene Zwiebel im Olivenöl anschwitzen. Anschließend die passierten Tomaten dazugeben und mit der Gemüsebrühe aufgießen. Aufkochen lassen und anschließend die Sahne und das Tomatenmark unterrühren. Etwas köcheln lassen und den kleingehackten Basilikum dazugeben; mit Salz und Pfeffer abschmecken.
Vor dem Servieren den Mozzarella auf die Suppe geben.

TOMATEN-RUCOLA-SUPPE

ZUTATEN

3 EL Olivenöl
1 kleine Zwiebel
70 g Rucola
1000 g passierte Tomaten
500 ml Gemüsebrühe
150 ml Sahne
1 gestrichener EL Tomatenmark
2 Prisen Zucker
Salz und Pfeffer

ZUBEREITUNG

Die kleingeschnittene Zwiebel und ca. 50 g kleingehackten Rucola im Olivenöl anschwitzen. Anschließend die passierten Tomaten dazugeben und mit der Gemüsebrühe aufgießen. Aufkochen lassen und anschließend die Sahne und das Tomatenmark unterrühren. Etwas köcheln lassen, den Zucker einrühren (rundet den Geschmack ab) und mit Salz und Pfeffer abschmecken.
Vor dem Servieren die restlichen Rucolablätter auf die Suppe geben.

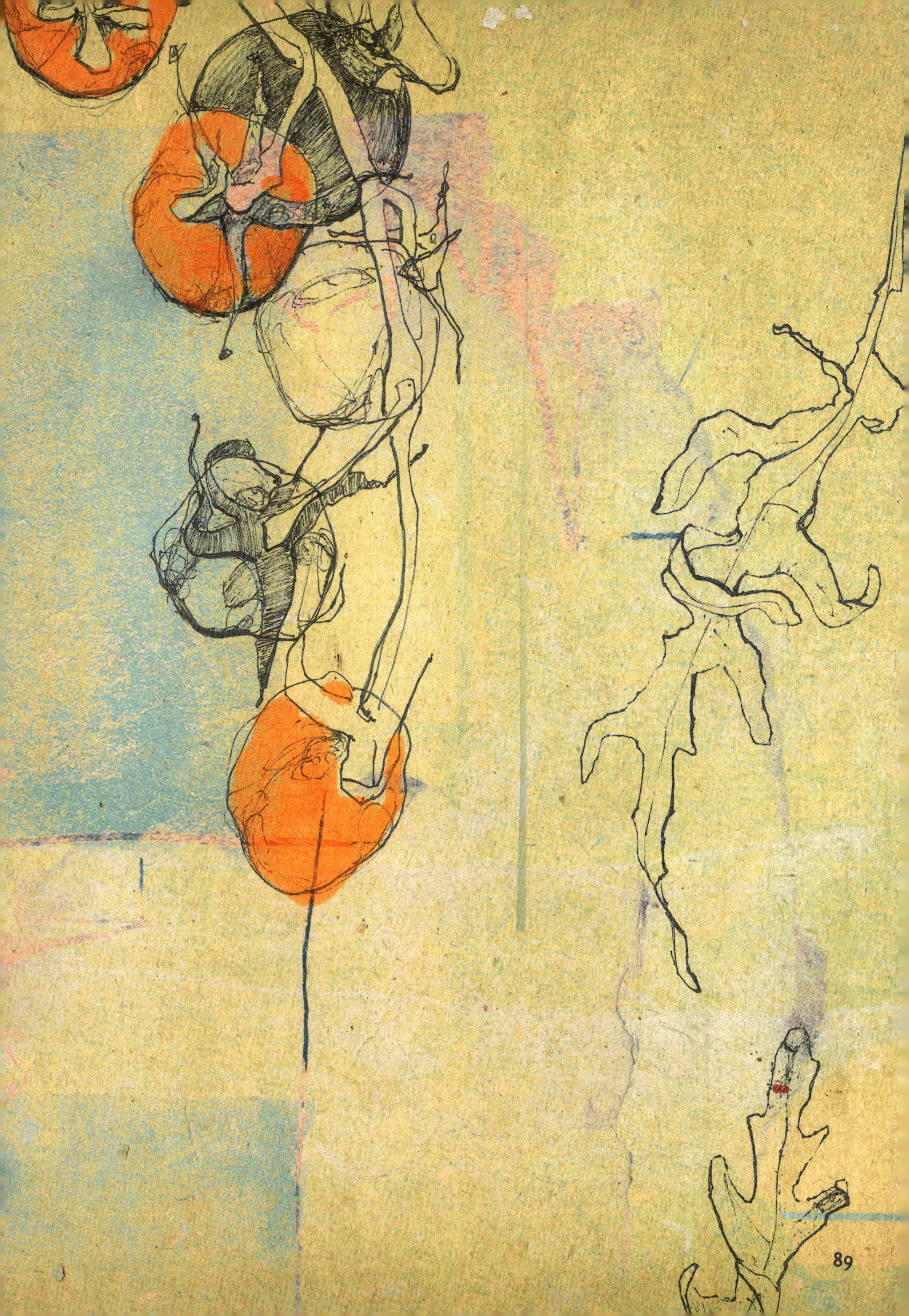

VEGANE SUPPEN

GAZPACHO –
KALTE TOMATEN-GEMÜSE-SUPPE

ZUBEREITUNG

Die Knoblauchzehe kleinhacken und mit der Gemüsebrühe und dem Olivenöl verrühren.
Anschließend die gestückelten und die passierten Tomaten dazugeben.
Die Gurke und die Paprikaschoten entkernen, kleinschneiden und unter die Tomatenmasse rühren.
Die Petersilie dazugeben und mit Salz und Pfeffer abschmecken.
Die Gazpacho einige Stunden in den Kühlschrank stellen und vor dem Servieren noch einmal abschmecken.

ZUTATEN

425 g gestückelte Tomaten
400 g passierte Tomaten
600 ml kalte Gemüsebrühe
2 EL Olivenöl
½ Knoblauchzehe
1 kleine Salatgurke
je 1 grüne, rote und gelbe Paprika
1 EL gehackte Petersilie
Salz und Pfeffer

INDISCHE GEMÜSESUPPE

ZUBEREITUNG

Die kleingehackte Zwiebel, Knoblauchzehe und den Ingwer im Öl anschmoren. Anschließend den kleingeschnittenen Weißkohl und die Möhren dazugeben und mit anschwitzen. Die Gewürze zum Gemüse geben, umrühren und kurz mit anbraten.
Mit der Gemüsebrühe auffüllen und köcheln lassen. Nach ca. 5 Minuten die Erbsen und Bohnen dazugeben. Wenn das Gemüse gar ist, die Kokosmilch einrühren und mit Salz und Pfeffer abschmecken.

ZUTATEN

2 EL neutrales Öl
1 kleine Zwiebel
1 Knoblauchzehe
1,5 cm frischer Ingwer
300 g Weißkohl
250 g Möhren
1,5 l Gemüsebrühe
200 g tiefgekühlte Erbsen
200 g tiefgekühlte Brechbohnen
200 ml Kokosmilch
1 Espressolöffel Curcuma
1 Espressolöffel Kreuzkümmel
½ Espressolöffel Chilipulver
1 Messerspitze Zimt
Salz und Pfeffer

INDISCHE KARTOFFELSUPPE MIT BLUMENKOHL

ZUBEREITUNG

Das Öl in der Pfanne erhitzen und die kleingeschnittene Zwiebel, Knoblauch und Ingwer darin anschwitzen, bis sie glasig sind. Die kleingeschnittenen Kartoffeln dazugeben und anschließend die Gewürze unterrühren und mit anbraten.
Mit einem Liter Salzwasser (ca. ein halber TL Salz) ablöschen und das Ganze ca. 5 Minuten köcheln lassen. Danach den gewaschenen und in kleine Röschen geteilten Blumenkohl dazugeben. Alles kochen lassen, bis das Gemüse bissfest ist.
Nun die Kokosmilch dazugeben und mit Salz und Pfeffer abschmecken. Zum Schluss die Kokosraspeln in der Pfanne kurz anrösten und in die Suppe geben.

ZUTATEN

800 g geschälte mehlig kochende Kartoffeln
1 l Wasser
400 g Blumenkohl
2 EL neutrales Öl (z.B. Rapsöl)
20 g Ingwer
1 kleine Zwiebel
1 kleinere Knoblauchzehe
1 TL Kreuzkümmel
1,5 TL Curcuma
0,5 TL Chilipulver
200 ml Kokosmilch
Salz
Pfeffer
4 EL Kokosraspeln

INDISCHE LINSENSUPPE MIT PFLAUMEN

ZUTATEN

2 EL neutrales Öl
1 kleine Zwiebel
1 Knoblauchzehe
1 cm Ingwer
500 g rote Linsen
1 l Gemüsebrühe
150 g Möhren
150 g tiefgekühlte Lauchringe
200 ml Kokosmilch
1 l Wasser
½ Espressolöffel Chilipulver
1,5 TL Kreuzkümmel
1,5 TL Curcuma
8 bis 10 Trockenpflaumen
Salz und Pfeffer

ZUBEREITUNG

Die Zwiebeln, Knoblauch und den Ingwer kleinhacken und im Öl anbraten. Die roten Linsen dazugeben, verrühren und kurz mit anschmoren. Mit dem Wasser auffüllen und alles zum Kochen bringen.
Nach ca. 5 Minuten Kochzeit die kleingeschnittenen Möhren und den Lauch dazugeben und mitkochen lassen. Nach weiteren 5 Minuten die Gemüsebrühe dazugeben und nochmals 10 Minuten köcheln lassen.
Anschließend die Kokosmilch, die Gewürze und die Pflaumen dazugeben und nochmal kurz aufkochen lassen.
Mit Salz und Pfeffer abschmecken.

KARIBISCHE KARTOFFELSUPPE

ZUTATEN

1 kg Kartoffeln
1,2 l Gemüsebrühe
1 kleine Möhre
150 g Lauch
100 g Ananas aus der Dose
300 ml Kokosmilch
1 Espressolöffel Kreuzkümmel
1 Espressolöffel Curcuma
½ Espressolöffel Chilipulver
1 Messerspitze Zimt
Salz und Pfeffer
frischer Koriander zum Garnieren

ZUBEREITUNG

Geschälte, kleingeschnittene Kartoffeln mit der kleingeschnittenen Möhre im Salzwasser kochen. Wenn die Kartoffeln gar sind, die Kokosmilch dazugeben und mit einem Schneebesen sämig rühren.
Anschließend den in feine Ringe geschnittenen Lauch in die Suppe geben und köcheln lassen. Wenn der Lauch gar ist, die Ananasstücke zur Suppe geben und mit den Gewürzen abschmecken. Die Korianderblätter vor dem Servieren auf die Suppe geben.

KÜRBISSUPPE MIT BELUGALINSEN

ZUTATEN

1 kg Hokaidokürbis
200 g Möhren
200 g Kartoffeln
1,5 l Salzwasser
150 ml Kokosmilch
500 ml Gemüsebrühe
½ Espressolöffel Chili
1 TL Curcuma
1 Espressolöffel Kreuzkümmel
Salz, Pfeffer

150 g Belugalinsen
1 EL neutrales Öl
1 kleine Zwiebel
1 cm Ingwer
600 ml Wasser
Salz, Pfeffer

ZUBEREITUNG

Kürbis, Möhren und Kartoffeln kleinschneiden und im Salzwasser zum Kochen bringen. Die Zwiebel und den Ingwer kleinhacken und im Öl anbraten. Die Belugalinsen dazugeben, verrühren und kurz mit anschmoren lassen. Mit dem Wasser auffüllen und ca. 15 Minuten köcheln lassen. Anschließend die Linsen mit dem Schaumlöffel abschöpfen, salzen, pfeffern und beiseite stellen. Wenn das Gemüse weich ist, mit der Kokosmilch und der Gemüsebrühe auffüllen und pürieren. Danach die Linsen dazugeben und mit den Gewürzen abschmecken.

KÜRBIS-ORANGEN-SUPPE

ZUTATEN

1200 g Hokaido-Kürbis
2 mittelgroße Kartoffeln
1,5 l Gemüsebrühe
100 ml Kokosmilch
50 ml Orangensaft
1 Messerspitze Chili
½ Espressolöffel Kreuzkümmel
Salz und Pfeffer

ZUBEREITUNG

Den Kürbis und die geschälten Kartoffeln kleinschneiden. Zusammen mit der Gemüsebrühe aufkochen lassen.
Wenn das Gemüse gar ist, die Kokosmilch und den Orangensaft dazugeben und alles pürieren.
Anschließend mit den Gewürzen abschmecken.

Abril
SEMPRE

LIGURISCHE GEMÜSESUPPE

ZUTATEN

3 EL Olivenöl
1 kleine Zwiebel
1 Knoblauchzehe
300 g Kartoffeln
1 l Gemüsebrühe
400 g Brechbohnen
(Tiefkühlware oder frisch)
150 g ligurische Trofie oder
andere Hartweizennudeln
Basilikumpesto (selbstgemacht oder
Pesto verde aus dem Supermarkt)
Salz und Pfeffer
geriebener Parmesan

Basilikumpesto:
30 g Basilikum
60 g Parmesan
50 g geröstete Pinienkerne
100 ml Olivenöl

Trofie
(Pastaspezialität der ligurischen Küche) Trofie sind gedrehte Nudeln aus Hartweizengrieß und Wasser, die am Ende spitz zulaufen. Die Bezeichnung geht auf das Wort strofissià (das dem Genueser Dialekt entstammt) zurück und weist auf die scheuernde Bewegung der Hände beim Formen der Nudeln hin.

ZUBEREITUNG

Das Öl in einer Pfanne erhitzen und die kleingeschnittene Zwiebel und den Knoblauch darin anschwitzen. Die Kartoffeln würfeln und kurz mit anbraten. Anschließend mit der Gemüsebrühe auffüllen. Kurz aufkochen und die Brechbohnen dazugeben, alles gar köcheln lassen. Währenddessen die Trofie separat kochen, abschütten und unter die Suppe rühren. Zum Schluss mit dem Bohnenkraut, Salz und Pfeffer würzen. Vor dem Servieren das Pesto portionsweise auf die Suppe geben und mit dem geriebenen Parmesan bestreuen.

Basilikumpesto:
Den kleingehackten Basilikum zusammen mit dem Olivenöl, den Pinienkernen und dem kleingeschnittenen Parmesan pürieren, bis eine homogene Masse entsteht, und mit etwas Pfeffer verfeinern.

MÖHREN-INGWER-SUPPE

ZUBEREITUNG

Das Öl in der Pfanne erhitzen und die kleingeschnittene Zwiebel und den Ingwer darin anschwitzen, bis sie glasig sind. Danach die in Stücke geschnittenen Möhren dazugeben und kurz mit anschmoren. Anschließend die Gewürze unter Rühren mit anschwitzen und die Gemüsebrühe darübergeben. Möhren kochen lassen, bis sie gar sind, und mit Kokosmilch und dem Orangensaft aufgießen, pürieren und mit Salz und Pfeffer abschmecken.

ZUTATEN

650 g Möhren
40 g Ingwer
1 kleine Zwiebel
2 EL neutrales Öl
1,3 l Gemüsebrühe
50 ml Blutorangensaft
100 ml Kokosmilch
½ TL Chilipulver
½ TL Curcuma
½ TL Kreuzkümmel

343447
SEITE 53

ZUCCHINI-ZITRONEN-SUPPE

ZUTATEN

2 EL neutrales Öl
2 mittelgroße Kartoffeln
1 kg Zucchini
1,4 l Gemüsebrühe
75 ml Kokosmilch
Abrieb einer halben Bio-Zitrone
Zitronensaft
1 gehäufter Espressolöffel Curcuma
Salz und Pfeffer

ZUBEREITUNG

Zucchini und Kartoffeln kleinschneiden.
Das Öl in der Pfanne erhitzen und das Gemüse kurz anbraten. Danach mit der Gemüsebrühe ablöschen. Die Zucchini und Kartoffeln kochen lassen, bis sie gar sind. Dann die Kokosmilch, den Zitronenabrieb und Curcuma dazugeben. Kurz aufkochen lassen und alles pürieren, mit Salz und Pfeffer würzen. Anschließend nach Geschmack mit dem Zitronensaft abschmecken.

INHALTSVERZEICHNIS

Suppen mit Fleisch

Vegetarische Suppen

Vegane Suppen

GUTEN APPETIT V

IMPRESSUM

Rezepte und Text:
Nicola Kellermann und Ute Klasen
Zuppa-Bar Trier
Sichelstr. 18
54290 Trier

Illustration:
Paula Stein

Lektorat:
Ulrike Schuff

Herausgegeber:
Jaja Verlag
Fein illustrierte Machwerke
Annette Köhn
Tellstr. 2
12045 Berlin
www.jajaverlag.com

Erstausgabe Berlin, Oktober 2018
Gedruckt in Litauen
ISBN 978-3-946642-52-7
26.- Euro

Das erste Suppenkochbuch
der Zuppa-Bar Trier ist auch
im Jaja Verlag erschienen:

Rezepte: Nicola Kellermann
und Ute Klasen
Illustration: Juana Gürtler
ISBN 978-3-943417-42-5
26.- Euro

KAROTTE
GURKE